I0568182

Ondo lo egin, otso txiki

Que duermas bien, pequeño lobo

Irudi-liburua bi hizkuntzatan

Ulrich Renz · Barbara Brinkmann

Ondo lo egin, otso txiki

Que duermas bien, pequeño lobo

Itzulpena:

Cristina Miguel Narro (euskara)

Anneli Landmesser (gaztelania)

Audio-liburua eta bideoa:

www.sefa-bilingual.com/bonus

Password for free access:

euskara: **Sorry, audio or video is not yet available in this language.**

gaztelania: **LWES1428**

We are currently working on making as many of our bilingual books as possible available to you as audio books and videos. We kindly ask for your patience if there is no audio or video version in your language yet! You can keep up with the progress of our work on our website:
www.sefa-bilingual.com/languages

Gabon Tim! Bihar bilatzen jarraituko dugu.

Orain ondo lo egin!

¡Buenas noches Tim! Seguiremos buscando mañana.

Ahora ¡que duermas bien!

Kanpoan ilun dago jadanik.

Afuera ya ha oscurecido.

Zer egiten ari da Tim hor?

¿Qué está haciendo Tim ahí?

Jolastokira joaten ari da.

Zer bilatzen ari da Tim hor?

Se está yendo al parque infantil.

¿Qué está buscando ahí?

Otso txikia!

Ezin du lorik egin hura gabe.

¡El pequeño lobo!

No puede dormir sin él.

Nor dator?

¿Quién viene ahí?

Marie! Bere pilota bilatzen ari da!

¡Marie! Está buscando su pelota.

Eta zer bilatzen ari da Tobi?

¿Y qué está buscando Tobi?

Bere hondeamakina.

Su excavadora.

Eta zer bilatzen ari da Nala?

¿Y qué está buscando Nala?

Bere panpina.

Su muñeca.

Ez dute umeek ohera joan behar?
Katuak bere buruari galdetzen dio.

¿No tienen que ir a dormir los niños?
El gato se sorprende mucho.

Nor dator orain?

¿Quién viene ahora?

Timen ama eta aita!

Ezin dute lorik egin bere Tim gabe.

¡La mamá y el papá de Tim!

Ellos no pueden dormir sin su Tim.

Gehiago datoz! Marieren aita.

Tobiren aitona. Eta Nalaren ama.

¡Y ahí vienen aún más! El papá de Marie.

El abuelo de Tobi. Y la mamá de Nala.

Orain joan zaitez arineketan ohera!

¡Ahora rápido a la cama!

Gabon Tim!

Bihar ez dugu gehiago bilatu beharko.

¡Buenas noches Tim!

Mañana ya no tendremos que buscar más.

Ondo lo egin, otso txiki!

¡Que duermas bien, pequeño lobo!

Egileak

Ulrich Renz was born in Stuttgart, Germany, in 1960. After studying French literature in Paris he graduated from medical school in Lübeck and worked as head of a scientific publishing company. He is now a writer of non-fiction books as well as children's fiction books.

www.ulrichrenz.de

Barbara Brinkmann was born in Munich in 1969 and grew up in the foothills of the Bavarian Alps. She studied architecture in Munich and is currently a research associate in the Department of Architecture at the Technical University of Munich. She also works as a freelance graphic designer, illustrator, and author.

www.bcbrinkmann.de

Do you like drawing?

Here are the pictures from the story to color in:

www.sefa-bilingual.com/coloring

Enjoy!

The Wild Swans

Adapted from a fairy tale by Hans Christian Andersen

▶ Reading age: 4 and up

'The Wild Swans' by Hans Christian Andersen is, with good reason, one of the world's most popular fairy tales. In its timeless form it addresses the issues out of which human dramas are made: fear, bravery, love, betrayal, separation and reunion.

Zure hizkuntzan erabilgarri?

▶ Begiratu hemen:

www.sefa-bilingual.com/languages

My Most Beautiful Dream

► Reading age: 2-3 and up

Lulu can't fall asleep. All her cuddly toys are dreaming already – the shark, the elephant, the little mouse, the dragon, the kangaroo, and the lion cub. Even the bear has trouble keeping his eyes open...

Hey bear, will you take me along into your dream?

Thus begins a journey for Lulu that leads her through the dreams of her cuddly toys – and finally to her own most beautiful dream.

Zure hizkuntzan erabilgarri?

► Begiratu hemen:

www.sefa-bilingual.com/languages

© 2024 by Sefa Verlag Kirsten Bödeker, Lübeck, Germany

www.sefa-verlag.de

Special thanks for his IT support to our son, Paul Bödeker, Freiburg, Germany

ISBN: 9783739928036

www.ingramcontent.com/pod-product-compliance
Lightning Source LLC
Chambersburg PA
CBHW041444120626
46547CB00002B/334